BIBLIOTHÈQUE

RELIGIEUSE, MORALE, LITTÉRAIRE,

POUR L'ENFANCE ET LA JEUNESSE,

PUBLIÉE AVEC APPROBATION

DE Mgr L'ARCHEVÊQUE DE BORDEAUX.

—

4ᵉ SÉRIE in-18.

Tourville présenté à Louis XIV (P. 11.)

VIE

DE

TOURVILLE

PAR

BESCHERELLE AINÉ.

LIMOGES,

Eugène ARDANT et C. THIBAUT,

Imprimeurs-Libraires-Éditeurs.

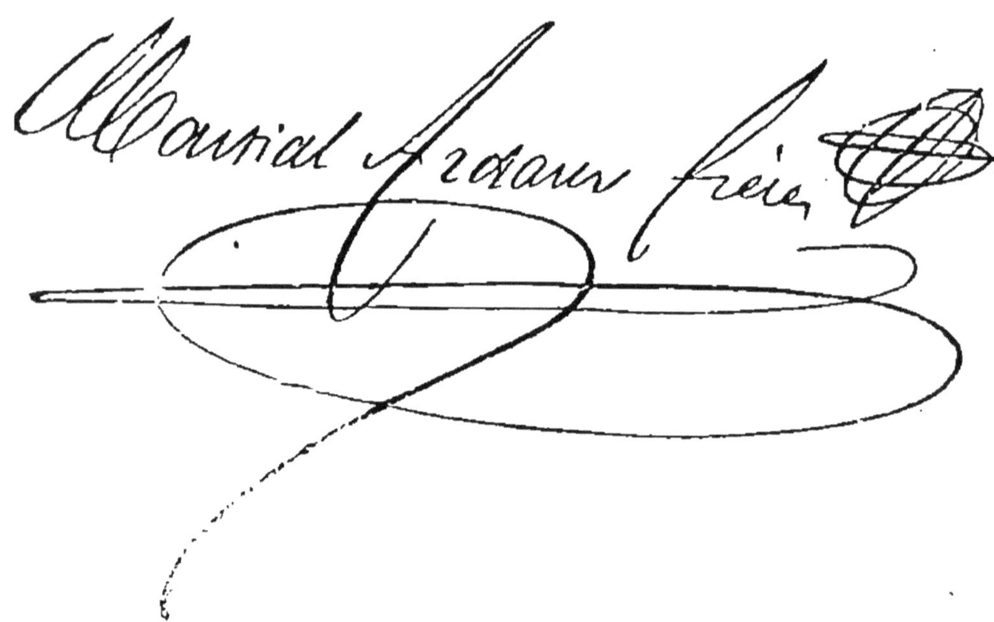

VIE

DE

TOURVILLE.

Normand, comme Duquesne, dont il fut le compagnon d'armes et le meilleur élève, le comte-de Tourville, après la mort de ce grand homme de mer, se vit décerner, d'une voix à peu près unanime, le sceptre du commandement maritime. A une intrépidité rare, il joignait un admirable sang-froid. Il avait été de toutes les grandes luttes entre Duquesne et Ruyter, et nul n'avait mieux profité que lui aux leçons d'une pareille école. Après avoir été dans sa jeunesse un officier plein de fougue et de témérité à l'attaque, il était devenu dans son âge mûr un tacticien aussi habile que prudent ; trop prudent même, au dire de quelques critiques, qui lui reprochaient de n'être pas aussi brave de tête que de cœur, et de ne pas toujours tirer tout le parti possible d'une victoire, par la crainte exagérée d'en compromettre le résultat.

Tourville, bel enfant blond, aux yeux bleus, au teint de lis et de rose, comme on disait dans le style fleuri de son temps, était né d'une complexion frêle et délicate, qui semblait tout-à-fait incompatible avec les rudes exercices de la marine. Ce fut pourtant sa première vocation, et son désir bien prononcé sur ce point détermina son père, premier gentilhomme de la chambre de Louis XIII, et premier chambellan du prince de Condé, à le faire entrer, dès l'âge de quatorze ans, dans l'ordre de Malte. On attendit, cependant, qu'il eût atteint sa dix-huitième année avant de le lancer dans la carrière, sous les auspices d'un brave capitaine, chevalier de Malte aussi, qui s'était acquis une grande renommée à faire la chasse aux Barbaresques sur la Méditerranée. Ce fut en 1661 que le jeune Tourville rejoignit à Marseille son capitaine, porteur d'une lettre de recommandation du duc de Larochefoucauld. En voyant ce beau jeune homme, ou plutôt cette demoiselle, au maintien doux et timide, d'Hocquincourt fut à la fois saisi de surprise et d'une sorte de compassion; il ne pouvait s'imaginer qu'il y eût l'étoffe d'un marin dans cette nature en apparence si faible et si féminine. Il avait grande envie de le renvoyer immédiatement à sa mère : « Que ferons-nous, répondit-il au noble protecteur de cet Adonis, que ferons-nous, sur des vaisseaux armés en course, de ce jeune homme, qui me paraît plus propre à servir les dames de la cour qu'à supporter les fatigues de la mer? »

Tourville s'embarqua néanmoins sur la frégate du brave d'Hocquincourt, qui le conduisit à Malte. Depuis son arrivée à Marseille, il s'était attaché à prendre des plus anciens matelots des leçons de manœuvre et de tout ce qui se rattachait à

la science nautique, et ses maîtres avaient
été émerveillés de son ardeur à s'instruire
et de sa promptitude à profiter de leurs
leçons. A Malte, il continua son apprentis-
sage, et se fit remarquer par la sagesse de
sa conduite et son application à tous les
exercices du rude métier auquel il se des-
tinait. D'Hocquincourt commença à revenir
sur son premier jugement; mais il allait
bientôt reconnaître combien son pronostic
sur la vocation de l'élève qu'on lui avait
confié avait été téméraire. Il était sorti sur
sa frégate, qui portait trente-six canons,
accompagné d'une autre frégate moins
forte, commandée par le capitaine Cru-
villier. Le jeune Tourville était à son bord.
On rencontre deux vaisseaux algériens
d'un plus fort tonnage, et qui, se prévalant
de leur supériorité apparente, engagent
immédiatement le combat en lâchant
leurs bordées aux Français. La réponse de
d'Hocquincourt fut telle, qu'ils ne virent
d'autre ressource que de se précipiter à
l'abordage. Ils arrivèrent tête baissée, et
sautèrent comme des chacals furieux, lan-

çant d'horribles cris, sur le pont de la frégate chrétienne. Le moment était venu pour le novice Tourville de faire son coup d'essai; ce fut un vrai coup de maître. « Maniant son sabre avec adresse, à défaut de force, dit un historien, il abattit à lui seul autant d'ennemis que presque tout le reste de l'équipage ensemble. » De ceux qui avaient sauté sur le vaisseau, pas un seul n'échappa : ils furent tués ou jetés à la mer; et cet Adonis avait éclipsé jusqu'à son capitaine lui-même. La généreuse nature du héros s'était tout-à-coup manifestée en face du danger. Son sang avait abondamment coulé par plus d'une blessure; mais il avait reçu avec bonheur et sans sourciller ce premier baptême de gloire.

Cependant cette affaire n'était qu'un prélude. Deux bâtiments tripolitains étant survenus, le combat recommence avec une ardeur nouvelle : après un feu terrible, d'Hocquincourt commande l'abordage de l'un des vaisseaux tripolitains. Tourville a sauté le premier sur le bord ennemi, entraînant à sa suite les plus intrépides :

son courage décuplant sa force, il culbute tout ce qui veut lui opposer une résistance, et contraint les Turcs à mettre bas les armes. D'Hocquincourt, honteux de n'avoir pas deviné tout d'abord ce jeune lion, l'embrasse ruisselant de sueur et de sang, et le nomme lieutenant du vaisseau qu'il vient de prendre si valeureusement.

A quelques jours de là, monté sur sa prise, Tourville s'empare d'un vaisseau tunisien plus beau, plus fort que celui qu'il commandait, et il en est nommé capitaine.

Nous devons renoncer à raconter toutes les autres prouesses qui suivirent ces brillants débuts et signalèrent les courses nombreuses de ce jeune marin dans la Méditerranée, dans l'Archipel et dans la mer Adriatique, sous les ordres du duc de Beaufort, ce singulier héros de la Fronde, et toujours en compagnie du brave chevalier d'Hocquincourt. Il était à Venise, en 1666, lorsque, cédant aux instantes prières de sa mère, il se décida à rentrer en France. Quand il vint prendre congé du doge, il en reçut un bref ou diplôme, dans lequel il était qualifié de *protecteur du commerce maritime*, et d'*invincible*. Cet acte se terminait ainsi : « Et pour marque de notre estime, nous souhaitons à ce valeureux chevalier honneur et gloire dans tous les lieux où il portera ses armes. » Ce diplôme était accompagné d'une médaille avec une chaîne en or, dont il lui avait été fait présent au nom de la république.

A son retour en France, Tourville, le jeune et brillant officier, déjà vieux de cinq années de combats en mer et de nombreuses cicatrices, fut présenté à Louis XIV, qui lui fit l'accueil le plus honorable, et le nomma, quelques jours après, capitaine de vaisseau dans la marine royale. Ce fut en cette qualité qu'il fit partie, en 1669, de l'expédition conduite par les ducs de Beaufort et de Navailles, au secours de l'île de Candie assiégée par les Turcs; expédition où périt le duc de Beaufort, et qui n'eut d'autre résultat que de retarder de trois mois la capitulation de l'île.

Dans la guerre de Hollande, en 1672, il

tint honorablement son rang dans la flotte française, commandée par le duc Jean d'Estrées. Il faisait partie de l'escadre de Duquesne, et se couvrit de gloire à côté de cet illustre amiral, à l'affaire du 7 juin 1672, dans la baie de Solebay. Il ne se comporta pas avec moins de bravoure et d'éclat dans la campagne suivante ; aussi fut-il signalé dans les rapports du chef de la flotte française, pendant ces deux expéditions, comme un des meilleurs officiers de la marine royale.

Il ne se démentit point dans la guerre de Messine contre les Espagnols, où il tint successivement la mer sous le chevalier de Valbelle (1674-1675), sous Duquesne et le duc de Vivonne (1675-1676).

Une frégate française étant tombée seule au milieu de dix galères espagnoles, avait été prise et conduite dans le port de Reggio. Tourville, ne voulant pas que ce trophée restât à l'ennemi, conçut le hardi dessein d'aller l'incendier sous le canon même de la place ; ce qu'il exécuta en plein jour avec un succès complet. Il fut assisté dans cette audacieuse entreprise par le capitaine de Léri, et par le capitaine de brûlot Serpaut; ce dernier alla intrépidement mettre le feu à la prise des Espagnols, tandis que Tourville et Léri, embossés devant le port, ténaient en respect l'artillerie des forts.

A peu de temps de là, Vivonne étant allé faire le siége de la ville d'Agosta, sur la côte orientale de Sicile, à quelques lieues de Syracuse, Tourville obtint l'honneur d'entrer le premier dans le port à la tête de l'armée, et ce fut particulièrement à sa connaissance du lieu, à son courage et à la manière dont il fit jouer son artillerie, que l'on dut la prompte capitulation de la place (1).

A la bataille navale de Stromboli (8 janvier 1676), où Duquesne força Ruyter de lui abandonner le champ du combat, Tourville, monté sur le *Sceptre*, avait l'honneur de servir de matelot au vaisseau amiral; c'est dire assez qu'il eut une grande part

(1) Léon Guérin, *Hist. maritime de France*, première partie, chap. xxi.

aux périls comme à la gloire de cette grande journée.

Il occupait le même poste d'honneur et de danger lors du combat plus mémorable encore du Mont-Gibel (22 avril 1676), qui fut la seconde et dernière rencontre entre ces deux terribles athlètes, qui avaient noms Duquesne et Ruyter. Peut-être le coup qui abattit le héros hollandais et assura la victoire à son rival était-il parti du vaisseau que commandait Tourville.

Un mois après la mort du grand Ruyter, Vivonne prit la résolution d'aller en personne détruire dans le port de Palerme ce qui restait de la flotte hollandaise, veuve de son glorieux amiral. Arrivé en vue de cette ville, le 31 mai, Vivonne envoya le lendemain quatre de ses plus habiles officiers, entre autres le capitaine de Tourville, pour reconnaître les dispositions des flottes combinées d'Espagne et de Hollande, qui s'étaient rangées derrière le môle qui protége le grand port de Palerme contre les vents du large. D'après les rapports que lui firent ces quatre officiers, qui avaient heureusement accompli leur périlleuse mission, Vivonne assembla son conseil. « Tourville, dit M. Léon Guérin, s'y fit remarquer par la spontanéité de son génie militaire, la vaillance de ses conceptions, comme il devait se faire admirer un jour, à la tête des armées navales, par la prompte étendue de son coup d'œil et le rapide ensemble de ses attaques. Son avis prévalut dans le conseil. Ce n'était pas peu de chose, là où se trouvait le grand Duquesne, dont la prudente vieillesse n'aimait à rien confier à la fortune, et n'attendait la victoire que d'un courage solidement appuyé sur les plus exacts et les plus minutieux calculs. »

Ce qui résulta du plan proposé par Tourville, approuvé par Duquesne et adopté par Vivonne, ce fut la destruction à peu près totale de la flotte batave-espagnole réunie dans les eaux de Palerme.

A son retour en France (1677), notre glorieux capitaine reçut la cornette de chef d'escadre. La paix de Nimègue, conclue en 1678, lui procura quelques années de loisir, qu'il consacra utilement aux branches administratives de la marine. Il avait l'honneur de siéger avec Duquesne et Vauban dans un conseil de construction navale formé par Colbert, et qui se réunissait régulièrement à Versailles sous la présidence du ministre. Il en fut un des membres les plus actifs et les plus influents. Colbert le chargea de diriger à Versailles même, sous les yeux du roi et sous les siens, l'exécution d'une frégate dont lui, Tourville, avait proposé le modèle. Elle était d'un dessin qui raffinait sur la fabrique anglaise ; sa mâture et son assiette étaient supérieures, et l'on admirait comme elle serait légère, quoique chargée de beaucoup d'artillerie ; elle n'avait que dix mètres (trente pieds) de quille, et cependant elle était percée pour soixante pièces de canon. Cette frégate devait servir de modèle pour celles que l'on construirait à l'avenir (1).

Ce fut dans le même temps que Tourville, qui avait un grand talent de dé-

____

(1) Léon Guérin, ouvrage cité.

monstration, fut chargé de donner à la cour de France le spectacle d'un combat naval et d'expliquer au roi la théorie, éclairée par la pratique, de l'art où il était passé maître. « Le roi, la reine, la famille royale et tout ce que la cour avait de plus distingué, dit le biographe Richer, se rendirent dans un port de mer. Tourville, monté sur un vaisseau, leur exposa d'abord toutes les manœuvres, et fit faire aux soldats l'exercice des armes. Ensuite, représentant un combat naval, il montra la manière de monter à l'abordage. Le lendemain, deux frégates se livrèrent un combat simulé, pendant une heure, en se canonnant, et en se prenant tour à tour le vent l'une sur l'autre. Le roi observait avec le plus vif intérêt toutes les opérations que Tourville lui expliquait. Ce fut peu de temps après cette fête guerrière (1681) qu'il fut élevé au grade de lieutenant général des armées navales. »

Duquesne n'avait plus sur lui que le rang d'ancienneté. Tourville concourut à ses deux expéditions de 1682 et 1683, contre

les pirates d'Alger, et ne contribua pas mé-
diocrement au double bombardement de ce
repaire d'indomptables forbans. Ce fut lui
qui, après la seconde expédition, ayant été
laissé en croisière sur la rade d'Alger, fut
chargé d'intimer au successeur des deux
Barberousse les conditions de Louis XIV.

Il fut aussi de l'expédition contre Gênes,
en 1684; de celle du vice-amiral Jean
d'Estrées contre Tripoli, en 1685; il diri-
gea l'attaque du port de cette ville, et la
formidable manœuvre des galères à bom-
bes. Là, comme toujours, il donna occasion
d'admirer sa hardiesse, son courage et son
habileté.

Louis XIV qui, par le traité de Nimègue, avait fait renoncer l'Angleterre à exi-
ger de ses vaisseaux le salut au pavillon
britannique, s'arrogeait pour lui-même le
droit au salut de la part des nations secon-
daires, et notamment des Espagnols; ce
qui donnait lieu à d'incessants conflits entre nos vaisseaux et ceux de cette nation.
En l'année 1688, Tourville, étant accompagné de Victor-Marie d'Estrées, fils du vice-

amiral du Ponant, et de Château-Regnaud, chef d'escadre, rencontre par le travers d'Alicante le vice-amiral espagnol Papachim, qui revenait de Naples avec deux vaisseaux de première force, montés d'un nombreux équipage. Les Français avaient un vaisseau de plus, mais ils étaient plus faibles en canons et en hommes. Ils députent vers l'amiral une tartane pour lui demander le salut. Papachim, en bon Castillan, refuse avec fierté. Aussitôt Tourville et Château-Regnaud arrivent sur son vaisseau, lui lâchent leurs bordées et le démâtent, pendant que Victor-Marie d'Estrées aborde l'autre bâtiment et s'en rend maître. Tourville, à son tour, est monté à l'abordage du vaisseau de Papachim et le fait capituler. « Je ne veux qu'une chose, dit l'amiral français, c'est que vous saluiez le pavillon du roi mon maître ; » et l'amiral espagnol se vit forcé de donner une salve de neuf coups de canon, de chacun de ses vaisseaux, au pavillon blanc fleurdelisé. Après quoi il lui fut permis d'aller dévorer son dépit et réparer ses avaries dans tel port d'Espagne qu'il lui conviendrait de choisir.

Duquesne était mort sans avoir pu obtenir la dignité de vice-amiral que nul n'avait mieux méritée que lui; tous les regards se fixèrent sur Tourville, son meilleur élève, et le plus digne, après lui, de commander en chef les flottes de la marine royale, alors si florissante. Ce brave officier général quitta alors l'ordre de Malte, auquel il n'avait jamais été engagé par un vœu solennel et définitif. En 1689, déjà frisant de près la cinquantaine, il prit le titre de comte et se maria. « Je souhaite, lui dit Louis XIV, en signant son contrat de mariage, que vous ayez des enfants qui vous ressemblent, et qui soient, autant que vous, utiles à l'Etat. »

Jacques II, détrôné par son gendre, Guillaume d'Orange, était venu se réfugier à la cour du grand roi. Louis XIV ne se borna point à lui donner une splendide hospitalité, il se fit le champion de sa cause et entreprit de le rétablir sur le trône, en dépit du parlement, de l'armée et du peuple d'Angleterre, qui avaient fait la révolution de 1688, et qui entendaient la maintenir. Louis XIV déclara donc la guerre au nouveau roi, qui n'était à ses yeux qu'un usurpateur, par un acte officiel du 23 juin 1689. Tourville arma à cette époque, à Toulon, une flotte de vingt vaisseaux, quatre frégates, huit brûlots et quelques bâtiments de charge, avec ordre de la conduire dans l'Océan, pour se joindre à Château-Regnaud, qui armait de son côté à Brest. Ces flottes devaient s'opposer à celles d'Angleterre et de Hollande qui venaient de se réunir. La tâche imposée à Tourville était hérissée de difficultés ; il fallait passer le détroit de Gibraltar et côtoyer toute l'Espagne, dont on risquait à chaque instant de rencontrer les vaisseaux, puis déjouer le plan formé par les flottes combinées pour empêcher la jonction des Français. « Tourville, qui, selon la remarque d'un historien maritime, n'était plus dès longtemps le bouillant capitaine si prompt à l'abordage et aux coups de main presque téméraires, mais qui avait acquis toutes les prudentes qualités, toutes les ruses, toute l'expérience d'un général consommé, profita si habilement de la faveur du vent, qu'il surmonta tous les obstacles, passa à travers les flottes d'Angleterre et de Hollande, et joignit celle de Brest sans coup férir, au grand étonnement des en nemis, encore occupés à le chercher. » Il prit le commandement général de l'armée navale, qui lui revenait de droit, comme étant le plus ancien de grade. La flotte se mit en mer, ayant le ministre, Seignelay à son bord, pour se porter à la rencontre des flottes alliées. Malgré le désir qu'éprouvait le ministre d'assister à une grande bataille, les anglo-bataves ayant jugé prudent de rentrer dans leurs ports, il fut impossible de les joindre ; il fallut se contenter de la terreur qu'on leur avait inspirée, rentrer aussi en rade et désarmer jusqu'à la campagne prochaine. Tourville fut nommé, le 1ᵉʳ novembre de cette même année, vice-amiral du Levant, en remplacement du fils du duc de Vivonne, qui venait de mourir, après n'avoir joui que quelques mois de la survivance de son père.

Le 23 juin 1690, Tourville sortit de Brest à la tête d'une flotte de soixante-dix vaisseaux de ligne, de quinze galères, de dix-huit brûlots et de cinq frégates légères. Château-Regnaud commandait la division d'avant-garde. Victor-Marie d'Estrées, qui avait succédé à son père dans la charge de vice-amiral du Ponant, était à l'arrière-garde. Tout ce que la marine royale comptait alors d'officiers les plus renommés était à la tête des escadres et des vaisseaux : c'étaient les lieutenants généraux d'Amfreville et Gabaret ; les chefs d'escadre de Relingue, de Coëtlogon, de Villette, de Nesmond, de Flacourt, de Pannetier et de la Porte ; des capitaines comme de Pointis, la Galissonnière, un Château-Morand, un Belle-Isle-Erard, un d'Aligre. Jean Bart y était aussi sur son *Alcyon*, de quarante canons, et le chevalier de Forbin sur le *Fidèle*, de cinquante-six. Jamais flotte plus redoutable et plus illustrement commandée n'avait promené le pavillon de la France sur l'Océan

Plein de confiance dans sa force et dans

sa bonne étoile, Tourville se porta à la rencontre de la flotte ennemie, jusqu'au-delà du Pas-de-Calais, bien qu'il eût contre lui le vent et la marée. Les deux armées se trouvèrent en présence le 9 juillet, à la hauteur de *Beachy-Head*, que nos historiens appellent *Beveziers*, sur la côte d'Angleterre, à la vue de l'île de Wight. La flotte ennemie était sous le commandement général de l'amiral anglais Herbert, qui venait d'être promu à la pairie sous le titre de comte de Torrington. L'avant-garde, toute composée de vaisseaux hollandais, était conduite par Evertzen, qui passait pour le plus brave et le plus habile officier de mer de cette nation, depuis qu'elle avait perdu Ruyter. Torrington, par déférence sans doute pour la marine batave, avait laissé à un autre amiral hollandais, Vander-Putten, le commandement du corps de bataille, et s'était réservé l'arrière-garde. Les deux flottes combinées présentaient un effectif de cinquante-neuf vaisseaux de ligne, et de cinquante-trois bâtiments inférieurs, en tout cent douze voiles.

Les deux flottes se rangèrent en deux lignes parallèles l'une à l'autre, et passèrent toute la journée du 9 à manœuvrer dans le but de se gagner le vent, que les ennemis parvinrent à conserver toujours à leur avantage. Fatigué de ces évolutions de parade, Tourville prit son parti, et fit connaître dans la nuit à ses vice-amiraux qu'il était résolu d'engager le combat à quelque prix que ce fût, même au vent des ennemis. Le soleil du lendemain trouva à son lever la flotte française en disposition de combat, et au signal donné par le vaisseau amiral, la lutte s'engagea.

« Le brave Evertzen, dit le baron de Sainte-Croix, s'abandonnant trop, força de voiles, et dépassa l'avant-garde des Français. Il se jeta au milieu d'eux, laissant un vide entre son escadre et le reste de l'armée de Herbert. Tourville profita de cette imprudence, et coupa cette avant-garde d'avec le corps de bataille. Une partie de ses vaisseaux fit tête aux Anglais, et l'autre aux Hollandais; tandis que Château-Regnaud, avec sa division que ces derniers avaient passée, se replia sur eux pour les investir. Un calme qui survint, et la longue bordée que cet officier général fut obligé de courir, ne lui permirent pas d'arriver assez tôt pour détruire entièrement l'escadre d'Evertzen, qui fit une grande faute, celle de ne pas prolonger assez sa ligne. Elle était déjà exposée au feu du corps de bataille que conduisait Tourville en personne. Ce général l'attaqua à la demi-portée du canon avec tant de vivacité, qu'elle fut presque toute *désemparée* (1) et eut plusieurs bâtiments entièrement démâtés. Elle dut plus son salut au calme et au *jusant* (2), qu'aux efforts d'Herbert pour la dégager. Ce dernier n'arriva qu'avec lenteur, ne soutint pas longtemps le feu de l'ennemi, et s'en tint éloigné avec toute son escadre. Celle que commandait Edouard Russel s'at-

---

(1) On dit qu'un vaisseau est *désemparé*, lorsque, dans le combat, on a détruit ou mis en désordre son gréement, c'est-à-dire tout ce qui lui est nécessaire pour qu'il puisse mettre sous voiles, comme manœuvres (cordages), poulies à voiles.

(2) *Jusant*, reflux ou marée descendante.

tacha aux plus faibles navires de l'arrière-
garde française et en fit d'abord plier
quelques-uns. Le chevalier de Rosmadec
combattit avec le sien contre cinq vaisseaux
anglais dont il soutint avec valeur tout le
choc. Les autres capitaines de cette escadre, animés par l'exemple du comte d'Estrées, leur chef, repoussèrent vivement les
ennemis et les forcèrent bientôt à tenir le
vent. Toute leur flotte fut tellement mal-
traitée qu'on les vit mettre à la mer leurs
chaloupes pour se remorquer. L'action avait
duré huit heures, et les Français commen-
çaient déjà à manquer de munitions.

» Dans sa retraite, Herbert se comporta
en marin expérimenté, et ce fut à son
habileté que les alliés durent leur salut.
Après avoir demeuré quelque temps à une
certaine distance de la flotte française, en
assez bon ordre et avec toutes ses voiles
ferlées, il s'aperçut qu'elle dérivait par la
force des courants. Aussitôt il laissa tomber ses ancres, dans l'espérance de séparer
les deux armées, si celle des ennemis n'i-
mitait pas cette manœuvre. Tourville

mouilla d'abord à la demi-portée de canon de quelques vaisseaux hollandais; mais sur les dix heures, il leva l'ancre pour les poursuivre. Se trouvant chassé par la marée, il fut entraîné, pendant la nuit, loin de l'armée ennemie et d'une partie de la sienne. Cette faute, que ses officiers même lui reprochèrent, laissa aux flottes alliées le temps d'échapper à une destruction totale (1). »

Le jour du combat, douze vaisseaux de la flotte ennemie furent rasés comme des pontons, fait rare et dont Tourville se montrait d'autant plus fier qu'il avait combattu ayant le vent contre lui. Les Français ne prirent qu'un seul vaisseau hollandais de troisième rang, et ce fut M. de Nesmond qui eut les honneurs de cette capture. Dans la nuit, deux vaisseaux de la même nation, dont l'un était celui du vice-amiral, sautèrent en l'air ; douze autres vaisseaux, tant anglais que hollandais, furent ensuite brûlés par l'ennemi lui-même, après qu'il les

____

(1) *Hist. de la puissance navale de l'Angleterre,* liv. VI.

eut fait échouer sur la côte. La perte en
hommes fut considérable et double de celle
des Français, qui ne perdirent aucun vaisseau, mais qui en eurent un grand nombre
de désemparés. Ces avaries, conséquences
inévitables d'un combat en mer, la contra-
riété du vent et des marées, la fatigue de
ses équipages, ne permirent pas à Tourville
de pousser jusqu'au bout les conséquences
de sa victoire. Il poursuivit cependant les
deux flottes alliées jusqu'à l'entrée de la
Tamise, et les aurait attaquées sous les
murs mêmes de Londres, où le retour de
Herbert avait jeté la consternation et la
terreur, s'il n'eût pas manqué de pilotes
qui connussent l'entrée de la rivière, et
dont il pouvait d'autant moins se passer,
que les Anglais avaient fait enlever toutes
les bouées de leurs côtes. C'est cette hésita-
tion, si naturelle et si sage d'ailleurs, que
lui reprochait amèrement Seignelay, ministre hardi dans ses desseins, impétueux
dans ses désirs, qui avait assigné pour but
à cette campagne la ruine complète de l'Angleterre par l'incendie de ses ports et par
la destruction de sa marine.

Tourville, cependant, pour donner un commencement de satisfaction au bouillant Seignelay, opéra une descente à Tingmouth, au fond de la baie de ce nom, sur la côte du Northumberland. Dix-huit cents hommes, commandés par le comte d'Estrées, forcèrent les retranchements de l'ennemi et le mirent en fuite. Les Français s'emparèrent de trois frégates et de neuf riches bâtiments marchands, qui se trouvaient dans le port, et y mirent le feu, après en avoir enlevé l'artillerie et les marchandises.

Tandis que le roi Guillaume faisait traduire son amiral devant une cour martiale et cassait les officiers de sa flotte, Louis XIV faisait frapper une médaille pour consacrer la victoire de son armée navale et inaugurer sa conquête de l'empire maritime sur ses rivaux de la Tamise et de l'Amstel (1). « En effet, dit Voltaire, ce que Louis XIV souhaitait depuis vingt années, et ce qui

(1) Cette médaille portait pour légende : *Imperium maris assertum.*

avait paru si peu vraisemblable, arriva. Il
eut l'empire de la mer, empire qui fut, à la
vérité, de peu de durée. Les vaisseaux de
guerre ennemis se cachaient devant ses
flottes... Les armateurs de Saint-Malo et du
nouveau port de Dunkerque s'enrichis-
saient, eux et l'Etat, de prises considérables. Enfin, pendant près de deux années,
on ne connaissait plus sur les mers que les
vaisseaux français (1). » Tel fut le résultat
de la journée de Béveziers, malgré les
quelques fautes qu'avec plus de sévérité
sans doute que de justice on a reprochées
au vainqueur.

Quant aux affaires de Jacques II, qui
avaient été l'occasion ou le prétexte de
cette guerre maritime, elles en profitèrent
peu ; car le lendemain même de la victoire
de Béveziers, ce roi perdait en Irlande la
bataille de la Boyne, malgré le courage des
Français auxiliaires que commandait Lau-
zun. Le brave d'Hocquincourt, ce compagnon des premiers exploits maritimes de

(1) *Siècle de Louis XIV*, ch. xv.

Tourville, d'Hocquincourt, qui avait quitté son vaisseau pour un régiment de cavalerie, y périt, en faisant de vains efforts pour retenir les bataillons irlandais emportés par une honteuse panique. Nous devions ici ces quelques lignes de souvenir au noble chevalier qui avait ouvert au vainqueur de Béveziers la carrière de la gloire et des honneurs maritimes.

L'année 1691 fut marquée par la campagne dite du *large*, que les hommes du métier considèrent comme le chef-d'œuvre de Tourville. Le but de cette campagne était une preuve nouvelle de l'intérêt que Louis XIV portait à la cause des Stuarts, si compromise par la défaite de la Boyne ; il consistait à tenir incessamment en respect une flotte immense que Guillaume III, après son désastre de Beachy-Head, était parvenu à réunir de nouveau, dans l'espoir de ressaisir sur l'Océan la supériorité que ce désastre avait fait perdre à la marine britannique. Il importait au contraire à Louis XIV de rester maître de la mer, soit pour faire passer des secours au malheureux Jacques II, soit pour protéger la retraite de ses partisans. A cet effet, Tourville avait été chargé d'armer à Brest une flotte de soixante-sept vaisseaux de ligne, avec ordre de tenir la mer en même temps que la flotte anglo-batave, qui en comptait quatre-vingt-six. L'amiral avait pour instructions d'empêcher les ennemis d'insulter nos côtes, en évitant toutefois tout engagement dans la Manche. Sorti de Brest le 25 juin, il croisa pendant quinze jours à l'entrée de cette mer, arrêtant tous les navires qui voulaient y entrer ou en sortir.

« Ayant appris, dit Sainte-Croix, que le convoi de Smyrne était arrivé sur les côtes d'Irlande, il s'approcha des Sorlingues pour donner des inquiétudes aux ennemis. Il tombe ensuite sur la flotte de la Jamaïque, la dissipe, prend son escorte et s'empare de quelques bâtiments marchands. Les autres n'échappent qu'à la faveur d'un brouillard épais. Au bruit de ces exploits, Russel, qui commandait les forces navales des confédérés, se réveille, cherche Tourville, et tâche de l'engager à un combat. Le général français le tire au large, conserve l'avantage du vent, et ne lui fournit, pendant l'espace de cinquante jours, aucune occasion de le combattre, en épiant toujours celle de l'attaquer lui-même avec avantage. L'amiral anglais, désespéré, l'abandonne, et va établir sa croisière dans les parages d'Irlande, où, assailli d'une violente tempête, il est forcé de rentrer dans ses ports avec tous ses vaisseaux désemparés, après en avoir perdu trois et quinze cents hommes d'équipage. Tourville comptait profiter de ce désastre, mais les vents s'y opposèrent : il n'arriva pas assez tôt pour enlever aux alliés une partie de leur flotte (1). »

Telle fut cette fameuse campagne du *large*, qui maintint l'empire de la mer à notre flotte, sans coûter un seul vaisseau, pas même un seul homme à la France, tint nos côtes à l'abri de toute insulte et protégea les convois d'Irlande. « Les savantes

(1) Baron de Sainte-Croix, **Hist.** *de la puissance navale de l'Angleterre*, t. III.

manœuvres de Tourville dans cette campagne, dit l'auteur que nous venons de ci-
ter, ont été toujours admirées des marins
les plus habiles ; et les Anglais avouèrent
que ce général se conduisit avec tant de
vigilance, de précautions et d'habileté, qu'il
rendit inutiles tous les efforts de Russel,
son adversaire. » Ce dernier, qui, de son
côté, avait fait preuve d'une habileté re-
marquable, et qui n'avait d'autre tort que
de s'être trouvé aux prises avec un 'adversaire plus habile encore que lui, fut in-
criminé par la chambre des Communes, et
obligé de se justifier. Il prouva qu'il avait
fait tout ce qui était humainement possible
pour obtenir un meilleur succès, en se con-
formant aux instructions qu'il avait reçues ;
mais ces instructions, suivant un historien
anglais, étaient si obscures et si contra-
dictoires, qu'elles n'avaient pu que le mettre dans le plus grand embarras (1).

Nous voici arrivés à une époque à la fois
glorieuse et fatale de la carrière maritime

____

(1) Campbell, *Hist. navale de l'Angleterre*, t. III.

de Tourville ; nous voulons parler de cette journée de la Hogue (29 mai 1692), qui aurait pu compter pour une victoire dans les fastes de notre marine, si elle n'avait pas eu de lendemain.

Plus fidèle que la fortune à la cause du roi Jacques, Louis XIV avait résolu de tenter un dernier effort en faveur de ce monarque, et de le relever d'une dernière défaite qu'il avait subie sur le champ de bataille de Kilkonnel, en Irlande. Les rapports qu'adressaient d'Angleterre les partisans de ce prince peignaient le pays comme en proie au mécontentement le plus vif, et n'attendant que l'arrivée de quelques secours pour s'insurger en masse contre l'usurpateur, et acclamer d'une seule voix le roi légitime. On ne doutait pas de nombreuses défections dans l'armée et dans la flotte, dont les officiers étaient, disait-on, honteux et las de se voir supplantés en toute occasion, par les Hollandais, dans l'estime et dans la confiance de Guillaume de Nassau. Ce n'étaient là que de pures illusions.

On armait donc, à Brest et à Toulon, une flotte dont le commandement était dévolu à Tourville, et qui devait ramener en Angleterre le roi Jacques, escorté de quinze à vingt mille hommes. Guillaume III, instruit de ces dispositions menaçantes du roi de France, ne restait pas inactif de son côté, et les vaisseaux se multipliaient comme par enchantement dans ses ports. Bientôt, en réunissant les escadres de la Hollande à celles de l'Angleterre, il eut sous voiles une flotte de quatre-vingt-dix-neuf vaisseaux, portant ensemble plus de sept mille cent cinquante canons, et plus de quarante mille hommes. C'était l'armement le plus formidable qu'on eût encore vu en mer. — La flotte française devait se composer de soixante-huit bâtiments, montés en tout d'environ cinq mille quatre cents canons, et, comme nous l'avons dit plus haut, de vingt mille hommes tout au plus. Entre les mains de Tourville, ces forces pouvaient suffire pour balancer celles des confédérés ; mais telle était l'impatience à Versailles, qu'on ne lui permit même pas

d'attendre, pour appareiller, que son armement à Brest fût terminé, et que l'escadre
que d'Estrées devait lui amener de Toulon,
et qui se trouvait retardée par les vents
contraires, l'eût rejoint. Tourville, sur une
injonction formelle du gouvernement, sortit avec quarante-quatre vaisseaux de ligne
seulement et treize brûlots, portant avec
lui cet ordre écrit de la main de Louis XIV :
« Allez chercher mes ennemis, et combat-
tez-les, forts ou faibles, partout où vous
les trouverez, *quoi qu'il en puisse arriver*. »
L'amiral, non point par excès de prudence,
mais par un juste sentiment de sa responsabilité, avait cru devoir faire quelques ob-
jections, fondées sur la connaissance qu'il
avait de la jonction des deux flottes enne-
mies, et sur la nécessité d'attendre qu'il fût
au grand complet pour aller à leur rencontre. Il avait reçu de Pontchartrain, alors
ministre de la marine, cette impérieuse
réponse : « Ce n'est point à vous qu'il ap-
partient de discuter les ordres du roi ; c'est
à vous de les exécuter et d'entrer dans la
Manche. Mandez-moi si vous voulez le

faire, sinon le roi commettra à votre place quelqu'un plus obéissant et moins circonspect que vous. » Tourville, ayant assemblé ses capitaines, leur donna lecture de cette lettre et leur dit : « Vous le voyez, Messieurs, il ne s'agit pas de délibérer, mais d'agir. Si l'on nous accuse de circonspection, du moins qu'on ne nous taxe pas de lâcheté. » Et, sans plus de réflexions, il donna l'ordre d'appareiller.

Cependant de meilleurs avis étaient arrivés à Versailles. Le complot ourdi par les jacobites avait été découvert, et tous les chefs du parti arrêtés ; les officiers de la flotte avaient dans une adresse protesté de leur fidélité, et témoigné de leur ferme volonté de mourir loyalement pour la cause du roi constitutionnel et pour la défense du pays. Le seul Russel, grand-amiral, n'avait pas signé cette adresse, regardant comme indigne de lui de se défendre contre un soupçon de trahison, et se réservant de prouver par les faits la loyauté et la droiture de ses intentions. Guillaume fit un acte de profonde politique en ne tenant aucun compte des mauvais bruits qui avaient couru à l'endroit de ce lord, et en lui laissant le commandement en chef des deux flottes.

A la réception de ces nouvelles, on expédia de Cherbourg jusqu'à dix corvettes, pour porter à Tourville la révocation de l'ordre impératif qu'il avait reçu, et l'autorisation d'attendre, avant de s'engager avec la flotte ennemie, les renforts que devaient lui amener d'Estrées, Château-Regnaud et le marquis de la Porte. Mais aucune de ces corvettes ne rencontra l'amiral, qui entra dans la Manche le 27 mai, et qui, le 29, à la pointe du jour, découvrit les ennemis à sept lieues au large, entre le cap de la Hogue et la pointe de Barfleur, sur la côte de Normandie. « L'illustre amiral, dit M. Louis Guérin, ne s'était pas attendu à se trouver en si grande disproportion de forces (quarante-quatre vaisseaux de ligne contre quatre-vingt-dix-neuf, treize brûlots contre trente-sept frégates et brûlots). Son courage n'en fut point ébranlé : il était décidé à se dévouer corps et âme à l'exécution de l'ordre qu'il avait reçu. Mais, pour qu'on ne l'accusât pas, sur la flotte, de folle présomption et d'exposer à plaisir ses vaisseaux et ses hommes à être écrasés, il assembla les officiers supérieurs en conseil de guerre, et leur montra l'ordre écrit de la propre main du roi, de combattre, *fort ou faible.* Dès-lors, il n'y eut plus qu'un cri dans le conseil : « Il faut combattre. »

La flotte française était au vent et pouvait éviter le combat. Tourville ne profita de cet avantage que pour donner le temps à ses vaisseaux de se mettre en ligne. Telle était la disposition de son armée :

L'avant-garde, au pavillon bleu et blanc, composée de quatorze vaisseaux, était commandée par le marquis d'Amfreville, monté sur le *Formidable,* de quatre-vingt-douze canons. Chefs de division : de Relingue et de Nesmond.

Tourville commandait le corps de bataille, ou l'escadre au pavillon blanc, composée de seize vaisseaux; il était monté sur le *Soleil-Royal,* de cent six canons.

Chefs de division : de Langeron et de Villette-Murçai.

Enfin l'arrière-garde, portant pavillon bleu et forte de quatorze vaisseaux, était sous les ordres de Gabaret. Chefs de division : Pannetier et de Coëtlogon.

Du côté des ennemis, l'avant-garde ou escadre *blanche*, composée de trente-six vaisseaux hollandais, avait pour chef l'amiral Allemonde ; le corps de bataille, ou escadre *rouge*, forte de trente et un vaisseaux, dont cinq de cent canons, obéissait directement au grand-amiral Edouard Russel ; l'arrière-garde, ou escadre *bleue*, était conduite par le chevalier John Ashby ; on y comptait trente-deux vaisseaux.

La flotte anglaise, ayant formé sa ligne de bataille, s'était mise en panne pour attendre les Français, qui avaient en ce moment le vent pour eux. L'action s'engagea sur les dix heures du matin (29 mai), et ce furent les Hollandais qui tirèrent les premiers coups. Nous allons emprunter le récit du baron de Sainte-Croix.

« Quand on fut à la portée du fusil, dit

cet historien, l'action commença de part et d'autre, et devint d'autant plus meurtrière, qu'il survint un calme. Le brave Nesmond se fit alors remorquer et alla se mettre par le travers du premier vaisseau de la ligne ennemie. Secondé par d'Amfreville et Relingue, il empêcha ainsi l'amiral Allemonde de revirer avec sa division pour doubler l'armée française et la mettre entre deux feux. Cet inconvénient arriva, néanmoins, quelques heures après, lorsque le vent eut tourné du sud-ouest au nord-ouest, et qu'une division de l'arrière-garde, aux ordres de Pannetier, n'ayant pu encore prendre son poste, fut obligée de joindre l'avant-garde. Les Anglais, après avoir perdu quatre heures à poursuivre cet officier, vinrent tous ensemble tomber sur le corps de bataille. Chaque vaisseau français eut alors à se défendre contre plusieurs des ennemis, et fut forcé de se battre des deux bords.

» C'est dans ce moment que le chevalier de Coëtlogon se détache de l'arrière-garde et vient, en écartant les ennemis par la vivacité de son feu, se placer auprès de

Tourville, son général et son ami. Celui-ci avait attaqué Russel, qui lui ripostait vigoureusement et ne lui montrait aucune disposition à baisser son pavillon devant lui.

» Un brouillard épais se lève vers les trois heures après midi ; mais Tourville ne peut en profiter pour se soustraire aux ennemis. Le calme et la marée contraire auraient fait tomber une partie de sa flotte au milieu d'eux s'il n'eût pas ordonné de mouiller. Russel n'imita point cette manœuvre et laissa dériver ses vaisseaux, qui, à la faveur du brouillard, passèrent entre ceux des Français et joignirent le corps de bataille de ces derniers, qu'ils attaquèrent avec furie. Ils lancèrent plusieurs brûlots, et, avec le secours de la marée, en amenèrent cinq presque sous le beaupré de l'amiral français. Cet intrépide général n'en fut pas effrayé ; il évita les uns d'un coup de gouvernail et dériva les autres par le moyen de ses chaloupes. — Gabaret arrive alors avec une partie de l'arrière-garde, qu'il commandait ; il s'approche de Tourville et jette l'ancre. Des vaisseaux ennemis tombent sur lui et l'obligent de couper ses câbles. L'action recommence à huit heures et continue jusqu'à dix avec assez de vivacité. La nuit seule put mettre fin à ce terrible combat, qui avait duré douze heures, et où la fortune semblait d'abord ne vouloir se déclarer pour aucun des deux partis, personne n'ayant encore amené son pavillon. »

A tout prendre, cependant, l'avantage de cette première journée, outre le grand honneur d'avoir tenu tête à l'ennemi avec des forces si inégales, l'avantage était pour les Français. « En effet, suivant l'observation d'un autre historien, ils avaient fait éprouver à l'ennemi des pertes plus grandes qu'ils n'avaient eu à en supporter eux-mêmes. Pas un vaisseau de la flotte de Tourville n'avait péri; il n'en était même aucun qui ne fût, bien ou mal, en état de naviguer, tandis que les alliés avaient à regretter plusieurs des leurs et avaient consumé en vain presque tous leurs brûlots (1). »

(1) L. Guérin, ouvrage cité.

Mais les jours qui suivirent cette lutte mémorable furent marqués par un enchaînement de désastres qu'il n'était donné ni à la prudence de prévenir ou d'éviter, ni au courage de conjurer. En effet, tout fit défaut à la fois à l'amiral français : le vent et la marée, qui lui furent contraires ; des rades sûres dans le voisinage du combat, pour recevoir ses vaisseaux les plus maltraités ; un ciel sans brume qui lui permît de promener son regard sur l'horizon et de rétablir, dans sa retraite, l'ordre et l'ensemble qu'avaient troublés les incidents du combat. Tourville était cependant parvenu à rallier autour de lui, dans la matinée du 30 mai, les quatre cinquièmes de sa flotte ; mais les vaisseaux inégalement maltraités ne purent pas longtemps marcher de conserve. L'ordre avait été donné par l'amiral de gouverner pour sortir de la Manche par le raz Blanchard, passage étroit et périlleux, entre l'île d'Aurigny et la presqu'île du Cotentin. La tête de la flotte, conduite par le chef d'escadre Pannetier, parvint à franchir le raz, au nombre de vingt vaisseaux; mais, la marée venant à manquer, les treize derniers, parmi lesquels se trouvait celui que montait Tourville, se virent obligés de mouiller sur un fond de roches. Au retour de la marée, les vaisseaux chassèrent sur leurs ancres (1), et la rapidité du courant les rejeta sous le vent des ennemis. Tourville prit alors le parti de se réfugier à la Hogue et d'y échouer (2). Déjà trois de ses plus gros vaisseaux en avaient fait autant à Cherbourg, qui, alors, bien que Vauban eût commencé à le fortifier, n'offrait guère un abri plus sûr que la Hogue. L'un de ces trois vaisseaux était le *Soleil-Royal*, sur lequel Tourville avait combattu l'avant-veille. Aux dix vaisseaux qui s'étaient échoués à la Hogue, vinrent s'en joindre deux autres détachés d'une division que

(1) On dit qu'un vaisseau *chasse sur ses ancres* lorsque la violence du vent ou d'un courant, ou la grosse mer, le force à entraîner ses ancres.

(2) *Echouer*, c'est toucher sur le fond de la mer, volontairement ou accidentellement, de manière que le vaisseau ne puisse plus flotter.

le chef d'escadre de Nesmond parvint à faire rentrer à Brest, par un long détour, après avoir gagné la côte septentrionale de l'Ecosse.

« Les alliés, dit Sainte-Croix, avaient formé trois divisions : la première sous les ordres du chevalier Ashby, poursuivit les bâtiments français qui venaient de passer le raz Blanchard ; la seconde, commandée par Delaval, s'attacha aux vaisseaux qui s'étaient réfugiés à Cherbourg ; la troisième se porta sur la Hogue. Le vice-amiral Rooke, qui conduisait cette dernière escadre, donna des preuves de son habileté et de son courage. Embarqué sur un simple canot, et à la tête d'environ deux cents chaloupes bien armées, qui étaient protégées par l'artillerie d'une frégate et de deux demi-galères, il s'avança (le 2 juin) vers la plage où l'on découvrait les principaux débris de la flotte française. Pour les défendre, on se hâta d'équiper des bateaux du pays ; mais, l'ennemi arrivant au commencement du flot, ils se trouvèrent échoués ; et, lorsqu'il y eut assez d'eau pour les relever, jamais il ne fut possible de faire soutenir l'aspect seul des Anglais aux équipages effrayés, composés d'enfants et de vieillards.

» Tourville, de Villette, Coëtlogon et plusieurs capitaines se mirent dans leurs chaloupes, osèrent résister à Rooke, et donnèrent par-là le temps de sauver quantité de canons et d'agrès. Bientôt il fallut céder à la force ; les Anglais se portèrent avec tant d'ardeur sur les vaisseaux échoués, qu'ils parvinrent à les aborder. « Dès que
» les soldats et les matelots, dit un écrivain
» de cette nation (Dalrymple), eurent ga-
» gné le flanc de ces navires, ils jetèrent
» leurs mousquets, poussèrent par trois
» fois de grands cris de joie et grimpèrent
» sur ces hautes machines avec leurs cou-
» telas à la main, et plusieurs même sans
» aucune arme. Les uns coupaient les cor-
» dages, d'autres mettaient le feu aux vais-
» seaux ; quelques-uns en braquaient les
» canons contre les chaloupes, les plates-
» formes et les forts. Ils tirèrent peu sur
» ceux qui étaient dans ces bâtiments,

» parce qu'ils croyaient que les vaisseaux
» étaient les seuls ennemis auxquels ils
» eussent affaire. Aussi voyait-on les Fran-
» çais sortir sans obstacle d'un côté de
» leurs navires et s'en aller dans leurs ba-
» teaux, tandis que les Anglais, entrant par
» l'autre, travaillaient à les détruire. Mais,
» ennuyés enfin de faire du mal en détail,
» les assaillants se réunirent tous pour
» mettre le feu aux bâtiments français;
» ensuite ils en descendirent avec les mê-
» mes cris de joie qu'ils avaient poussés
» en les abordant. »

» Cependant la précipitation avec laquelle
les Français quittèrent leurs vaisseaux, et
l'affreux désordre qui en fut la suite, leur
coûtèrent plus de monde que la perte de
la bataille. Plusieurs, s'empressant d'entrer
dans les chaloupes déjà pleines, en furent
repoussés et se noyèrent; d'autres, cher-
chant à s'y accrocher, eurent les mains
coupées; ils se virent aussitôt engloutis, la
rage dans le cœur, et n'ayant que le temps
de maudire leurs compatriotes. Le péril ne
rendit pas tous ceux-ci barbares; mais au-

cun ne mérite mieux d'être cité qu'un matelot normand ; il s'appelait Billard, et était maître d'équipage de l'*Admirable* (capitaine Beaujeu), un des navires échoués. S'exposant au feu des ennemis, il alla trois fois à son bord et en ramena les gens qui s'y trouvèrent. Il sauva encore tous les hommes qu'il put ramasser à la mer. Les Anglais, s'étant aperçus de ses efforts réitérés, se respectèrent assez eux-mêmes pour ne plus tirer sur lui à son troisième voyage (1). »

L'amiral Rooke employa deux jours à consommer l'incendie des douze vaisseaux échoués à la Hogue. Le *Soleil-Royal* et un autre vaisseau de ligne furent brûlés dans là rade de Cherbourg par Delaval, qui en incendia un troisième à la Fosse de Galet, tout près de là.

Le roi Jacques fut témoin du désastre qui ruinait ses dernières espérances. A mesure que les vaisseaux s'embrasaient, quelques canons, qui n'avaient pas été dé-

______

(1) *Histoire de la puissance navale de l'Angleterre*, liv. IV.

chargés, partaient et envoyaient leurs projectiles du côté du rivage. Quelques boulets tuèrent plusieurs personnes autour du malheureux monarque : « Je le vois bien, s'écria-t-il, le ciel combat contre moi ; » et il se retira navré de douleur sous sa tente. Il prit la plume alors et il écrivit à Louis XIV ces paroles de désespoir et de résignation : « Je prie Votre Majesté de ne s'intéresser plus pour un prince aussi malheureux que je le suis, et d'agréer que je me retire, avec ma famille, dans quelque coin du monde où je puisse ne plus être un obstacle au cours ordinaire de vos prospérités et de vos conquêtes. » Louis XIV lui assigna la résidence royale de Saint-Germain, qu'il ne quitta plus jusqu'à sa mort.

Quant à Tourville, sa conscience lui disait que lui et tous les officiers sous ses ordres avaient fait noblement et bravement leur devoir ; il était fier d'avoir pu lutter, sans jamais plier, pendant douze heures, avec quarante-quatre vaisseaux, contre une flotte de près de cent voiles ; heureux de n'avoir laissé, même après le désastre du lendemain, aucun trophée à l'ennemi. « Je n'ai manqué, en tout ceci, écrivait-il de la Hogue même, le 3 juin, lorsque l'incendie de ses vaisseaux fumait encore, que par une trop grande ponctualité à suivre les ordres contenus dans mes instructions, et par le malheur des vents qui, m'ayant retardé de mon côté, ont facilité en même temps la jonction des ennemis. » Il eut pour lui le témoignage de ses adversaires mêmes; car lord Russel eut assez de grandeur d'âme pour lui écrire « qu'il le félicitait sur l'extrême valeur qu'il avait montrée en l'attaquant avec tant d'intrépidité, et en combattant si vaillamment avec des forces si inégales. »

Louis XIV, qui avait la principale responsabilité de la catastrophe de la Hogue, l'accepta tout entière avec une dignité et une magnanimité toutes royales; il mesura l'estime qu'il devait à *l'homme qui lui avait obéi à la Hogue*, ce sont ses propres expressions, moins au résultat qu'à l'habileté et au courage dont son amiral avait fait preuve dans une entreprise ou l'orgueil de son maître l'avait mis aux prises avec l'impossible. La première fois qu'il revit l'illustre amiral à Versailles, il lui adressa ces flatteuses paroles : « Comte de Tourville, j'ai eu plus de joie d'apprendre qu'avec quarante-quatre de mes vaisseaux vous en aviez battu cent de mes ennemis, pendant un jour entier, que je ne me sens de chagrin de la perte que j'ai faite. » Louis XIV voulut que Tourville se trouvât compris dans la plus prochaine promotion de maréchaux, et le brave et habile marin reçut le bâton de maréchal de France au mois de mars 1693, en même temps que Catinat et Villeroi.

Du reste, on a beaucoup trop exagéré le désastre de la Hogue, en disant qu'il avait été la destruction de notre marine et avait fait perdre l'empire de la mer à Louis XIV. Notre flotte n'était pas si pauvre alors qu'elle ne pût se relever d'une perte de quinze bâtiments ; aussi voyons-nous, dès l'année qui suivit cette malheureuse affaire, l'Océan couvert de nos vaisseaux, et Tourville sortir de Brest à la tête de soixante-onze voiles, puis prendre, sur l'amiral Rooke, dans la baie de Lagos, en vue des côtes du Portugal, une terrible revanche de l'incendie de la Hogue.

Cet amiral anglais escortait, avec vingt cinq vaisseaux de guerre de sa nation et des Provinces-Unies, la flotte marchande de Smyrne, composée, disait-on, de près de quatre cents navires, qui revenaient des mers du Levant avec de riches cargaisons, anxieusement attendues par les spéculateurs de Londres et d'Amsterdam. Il fut rencontré le 28 juin par la flotte de Tourville. La lutte s'engagea, et, après cinq heures de combat, l'escorte anglaise, foudroyée, se déroba à la poursuite des Français, en leur abandonnant peu généreusement, il faut le dire, les malheureux et innombrables navires marchands qu'elle avait sous sa garde. Il est plus facile de dire que de peindre les scènes de terreur et de destruction qui suivirent ce sauve-qui-peut général de la flotte ennemie.

En fin de compte, on estima que les

confédérés avaient perdu plus de cent bâtiments de toutes sortes, et une valeur com-
merciale de plus de trente-six millions. Ce
fut une immense débâcle sur les places de
Londres et d'Amsterdam. A Londres surtout, le désespoir et la fureur étaient au
comble : les négociants de la Cité et la
chambre des Communes ne demandaient
rien moins que la tête de Rooke, et la mise
en accusation des trois amiraux de la Grande-
Bretagne. Cependant on trouvait, en
France, que Tourville n'en avait pas fait
assez : on regretta qu'il n'eût pas pris en
bloc toute la flotte de Smyrne, et il ne
manqua pas de tacticiens pour prouver,
sur le papier, que rien n'était plus facile !
Au faîte où il était arrivé, les critiques,
c'est-à-dire les envieux, ne devaient pas
manquer à l'illustre amiral.

Les événements ne lui fournirent plus
l'occasion d'ajouter quelque nouvelle page
glorieuse à sa biographie. Les fatigues
d'une carrière active de quarante années,
jointes à la faiblesse naturelle de sa consti-
tution, le forcèrent de prendre prématu-

rément sa retraite. Il succomba, le 28 mai 1701, à ses infirmités, avant d'avoir atteint sa soixantième année. Il laissait un fils en bas âge, qui débuta de bonne heure dans la carrière où s'était illustré son glorieux père. Ses débuts donnaient les plus belles espérances ; mais il périt à sa première campagne, prouvant du moins que s'il ne lui était pas donné d'ajouter à l'illustration de son nom, il était digne de le porter.

CONQUÊTE DE TABAGO.

(Extrait de la *Marine française*.)

Deux mois ne s'étaient pas encore écoulés depuis que Jean d'Estrées avait rendu Cayenne à la France, lorsque, le 15 février 1677, il parut avec son escadre à la vue de Tabago, où Binkes était allé chercher un asile. L'intention de notre amiral était de l'en chasser, mais cette entreprise n'était point aisée : les fortifications de la place, bien qu'elles fussent de terre,

étaient cependant assez bonnes pour résister longtemps, tandis que le peu de sûreté
qu'offrait la rade ne permettait pas à notre
escadre d'y prolonger son séjour; pour sur-
croît de difficulté, le port, que remplissaient
dix vaisseaux de guerre hollandais et quelques autres bâtiments, formait une espèce
de cul-de-sac où nos navires ne pouvaient
pénétrer que un à un; le canon des forts
le protégeait, et des batteries à fleur d'eau
en défendaient l'entrée.

Le duc d'Estrées s'y fit précéder par
MM. de Gabaret, de Montrotier et de Blé-
nac. Le premier, s'étant approché des ennemis à la portée du pistolet, les attaqua
courageusement, et fut emporté d'un coup
de canon; le dernier alla mouiller hardi-
ment entre les vaisseaux hollandais et les
batteries. Cependant d'Estrées s'était déjà
avancé dans le port; il y engageait le plus
terrible combat qui, de mémoire de marin,
ait jamais été livré. Bientôt le feu prend à
un vaisseau hollandais que foudroyait notre artillerie; il se communique à deux flûtes, où l'on avait réuni toutes les femmes,

tous les enfants, tous les nègres qui s'é-
taient trouvés dans le fort, tant on s'était
cru certain que nous ne pourrions pénétrer
jusque-là ! En un instant les flûtes et tout
ce qu'elles renferment sont enveloppés par
les flammes; les cris de tant de malheureux, le bruit des canons, le fracas des
vaisseaux qui sautent en l'air, se mêlent
aux plaintes des mourants, aux clameurs
des blessés, et redoublent l'horreur de
cette formidable journée. Quoique blessé
lui-même à la tête et à la jambe, quoique
une partie de son monde eût été tué,
d'Estrées avait réussi, après une lutte opi-
niâtre, à s'emparer du contre-amiral hollandais, quand le feu prit encore à ce navire, et étendit ses ravages sur celui que
montait d'Estrées. Cet amiral crut se déro-
ber à un si grand péril en sautant dans un
canot que Berthier, garde de la marine,
était allé lui chercher à la nage jusque
sous l'éperon d'un vaisseau ennemi; mais
ce canot devint aussitôt le point de mire
de toute l'artillerie hollandaise, qui bientôt
l'eut coulé à fond. C'en était fait de d'Es-

trées et des officiers qui se trouvaient avec lui, s'ils n'eussent été saisis et portés à terre par leurs matelots. Là ils se voient tout-à-coup en présence d'un assez grand nombre d'ennemis. Notre amiral, bien qu'il fût encore tout mouillé et dépourvu d'armes, s'avance fièrement vers eux; sans leur laisser le temps de revenir de la surprise où les jette sa démarche, il leur ordonne de se rendre, et sur-le-champ il est obéi. Que ne devait point se promettre un général qui savait ainsi faire tourner à son triomphe tout ce qui aurait consommé la ruine d'un autre officier ! Sans doute il s'attendait à vaincre, et il y fût parvenu, si le major Héroüard, qui avait ordre de n'attaquer le fort qu'une heure après l'engagement de la bataille navale, n'eût, par trop d'ardeur, précipité cette opération, et fait ainsi échouer toute l'entreprise. Après avoir combattu longtemps avec un courage plus qu'humain, et avoir brûlé ou coulé à fond tous les vaisseaux hollandais, d'Estrées se rembarqua avec ses troupes, et alla à la Grenade réparer les avaries de son escadre.

Toutefois, en s'éloignant de Tabago, il n'avait pas abjuré l'espoir d'en enlever la possession à la Hollande. Revenu en France, il en repart, le 1er octobre de la même année, avec une escadre de seize vaisseaux; descend, près du cap Vert, dans l'île de Gorée, il en expulse les Hollandais, y établit une garnison française. Il remet ensuite à la voile, et arrive aux Barbades, le 1er décembre, où il est renforcé par quelques-uns de nos bâtiments qui s'y étaient rendus de la Martinique; sept jours après, il est en vue de Tabago, y débarque plusieurs canons, deux mortiers et toutes ses troupes; parvient à travers les bois sous les murs du fort, et envoie sommer Binkes de se rendre. Sur le refus de cet officier, il fait tirer sur la place ses mortiers et ses canons; à la troisième bombe, le feu prend au magasin à poudre; la maison de Binkes saute en partie, et ce gouverneur, qui était à table, périt avec presque tous ses convives. Cet accident répand dans la garnison un trouble et une confusion sans égale : d'Estrées en profite, monte à l'assaut et se rend maître du fort, tandis que la flotte, qui fermait la sortie du port à tous les vaisseaux ennemis, ne tarda pas à s'en emparer. Après avoir pris toutes les précautions nécessaires pour que cette île importante fût conservée à notre domination, d'Estrées se rembarqua, et, de retour à Versailles, reçut de Louis XIV le bâton de maréchal de France, l'ordre du Saint-Esprit et le titre de vice-roi d'Amérique.

VOYAGE DE M. DE GÈNES AU DÉTROIT DE MAGELLAN.

(Extrait de la Marine française.)

Quittant les côtes orientales de l'Amérique, qu'ils avaient longtemps infestées sans réussir pour cela à se créer une fortune, quelques flibustiers passèrent, en 1686, dans la mer du Sud, par le détroit de Magellan. Mais l'indiscipline et les dissolutions dans lesquelles ils y vécurent durant sept années, ne leur ayant laissé partager que des sommes peu considérables, la plupart d'entre eux repassèrent le détroit pour retourner chacun dans sa patrie. Il n'y en eut que vingt-trois, qui, montés sur une barque, eurent l'audace de poursuivre leur aventureuse carrière. Le succès répondit d'abord à leurs ambitieuses espérances; et cinq vaisseaux qui, sur les côtes du Pérou, tombèrent entre leurs mains, les dédommagèrent des délais apportés par eux à leur départ. Montés sur un de ces navires, qu'ils avaient chargé de ce que les autres avaient de plus précieux, ils revenaient riches et triomphants, lorsqu'au milieu du détroit, une horrible tempête fit périr leur vaisseau et leur enleva le fruit de leur entreprenante valeur. Après dix mois passés à construire une barque, ils arrivèrent à Cayenne avec les débris de leur fortune. Les uns s'établirent dans cette île, d'autres à Saint-Domingue. Mais il s'en trouva cinq qui, ne pouvant s'habituer à la médiocrité où leur désastre les avait réduits, vinrent en France. L'un d'eux, nommé Macarty, se présenta à M. de Gènes et lui fit agréer le projet d'une expédition dans la mer du Sud. Cet officier se rendit à la cour, qu'il fit entrer dans ses vues et qui le chargea de les mettre à exécution. Jaloux de servir sa patrie et d'étendre le domaine de la science, Froger, qui, à dix-neuf ans, était déjà profondément versé dans les mathématiques, s'empressa de prendre part à cette expédition.

Ce fut le 3 juin 1695, que M. de Gènes partit de La Rochelle, à la tête d'une escadre composée de six vaisseaux. Le 1er juillet, il se trouva en vue du Cap Vert, et il alla prendre des rafraîchissements à l'île française de Gorée, dont Froger fait la description. De là, les Français portèrent la guerre au fort anglais de Saint-James, qui se rendit après une légère résistance ; et ils firent rendre hommage à leur pavillon par une multitude de rois africains. Traversant ensuite la grande mer qui sépare l'Afrique du Brésil, M. de Gènes arriva, le 24 novembre, aux îles Sainte-Anne, qui servaient autrefois de retraite aux Hollandais, lorsqu'ils entreprirent la conquête du Brésil.

Elles n'en sont éloignées que de deux lieues. Les seuls rafraîchissements que les Français y trouvèrent, furent quelques fruits sauvages, du pourpier et de petites cerises cannelées, qui ont à peu près le goût des nôtres; mais ils y furent réjouis par le chant d'une infinité de petits oiseaux, qui remplissait les bois dont ces îles sont couvertes. Froger admira surtout le cardinal et le colibri. Le 29, on doubla le cap de Frie; et, le 30, on se trouva devant deux grandes roches, assez éloignées l'une de l'autre, qui s'élèvent, comme deux pains de sucre, à l'embouchure de Rio-Janeiro. Froger leva le plan de la ville qui en tire son nom. M. de Gènes remit à la voile le 27 décembre. Un calme fâcheux l'obligea de mouiller, le 29, dans le canal de l'île Grande. Cette île, qui n'a pas moins de dix-huit lieues de tour, est haute et couverte de bois dont l'épaisseur ne permet pas d'y pénétrer. On y voit cependant des plaines entières de citronniers et d'orangers. Parmi les divers fruits sauvages, Froger vante la *poire de Mapou*, qui porte un coton roux dont on fait des matelas. Il suffit de les exposer au soleil pour faire enfler le coton, ce qui rend le matelas comme neuf.

Dans le dessein de ne plus relâcher jusqu'au détroit de Magellan, on n'avait rien épargné à Rio-Janeiro, pour la provision de l'escadre. M. de Gènes fit renouveler l'eau et le bois dans l'anse de l'île Grande, et leva l'ancre le 5 janvier 1696. Le 23, il vit quantité de veaux marins, qui dormaient sur le dos à fleur d'eau. Le 29, il fut beaucoup plus étonné à l'aspect de quelques baleines et d'un prodigieux nombre d'oiseaux, qui suivaient le navire comme des canards. Le 31, la mer fut si couverte de petites écrevisses rouges, qu'on en prit plus de dix mille avec des paniers. Le 4 février, on reconnut le cap Saint-Ynes-de-las-Barreras, dont les terres sont basses et paraissent stériles. Le 7, à la pointe du jour, une erreur qui fit prendre le cap qu'on aperçut pour celui des *Vierges*, exposa l'escadre à donner sur un banc dont elle aurait eu beaucoup de peine à se dégager. Le véritable *cap des Vierges* s'offrit enfin à elle, et la faveur des vents, que les courants secondèrent, la fit entrer aussitôt dans le détroit, où elle mouilla vers le soir, à l'entrée de la baie de la Possession. Le vent s'étant fort affaibli, le 12, M. de Gènes ne put avancer que trois lieues; le 13, il doubla le *cap Entrana*, pour aller mouiller à l'entrée de la baie Boucault, où il vit quelques baleines et quantité de marsouins tout blancs, à l'exception de la tête et de la queue. Le 14, ayant louvoyé jusqu'à midi pour résister à la marée contraire, il jeta l'ancre au milieu de cette baie. La côte en est plate et stérile; elle n'offre ni eau ni bois. On y trouve des bécassines et des oiseaux de mer. L'intérieur du pays nourrit des bœufs et des chèvres.

Le 26, on doubla le cap Grégoire; et, vers midi, on mouilla à une petite lieue au-dessous de l'île de Saint-Georges, dont le calme et la marée empêchèrent d'approcher davantage. Les vents, qui redoublèrent de violence pendant les jours suivants, firent différer de lever l'ancre jusqu'au

21 mars. On rangea d'assez près l'île de Saint-Georges, la sonde à la main ; ce qui n'empêcha point qu'on ne se trouvât tout d'un coup dans la pointe d'un banc qui n'était point marqué sur la carte. L'adresse des pilotes sauva l'escadre de ce danger. On mouilla, le soir, à six lieues de l'île de Saint-Georges, dans une anse où l'on fut retenu jusqu'au 24 par les vents contraires. On fit voile de là vers la baie de *Famine* ; à deux lieues de cette baie on fit de très bonne eau. Les Français virent ici, pour la première fois, huit ou dix Patagons, qui leur parurent d'une grande sobriété et d'une taille qui n'atteignait pas six pieds.

Le 25, les vents variables et contraires obligèrent de mouiller sous le cap Forward. Le lendemain, on n'arriva au cap de Hollande qu'avec d'épouvantables coups de vent. Vers minuit, on fut contraint de retourner au mouillage qui se présenta le premier ; ce fut deux lieues au-dessous du cap Forward, dans une grande baie fort commode, où M. de Gènes prit le parti de s'arrêter jusqu'au 3 mars, pour faire de l'eau. Cette baie n'étant pas marquée sur les cartes, les Français la nommèrent *Baie française*, et donnèrent à la rivière qui s'y décharge le nom de M. de Gènes. Un vent favorable leur rendit le courage de doubler encore le cap *Forward*. Le 5, ils reconnurent la baie de *Famine*, célèbre par le triste sort des Espagnols qui s'y établirent sous Philippe II, et qui furent mangés par des sauvages. Les vents se déchaînèrent jusqu'au 9, puis ils devinrent favorables; mais ils furent de nouveau contraires le lendemain, et continuèrent de l'être durant dix jours. Le 20, un heureux intervalle permit de gagner le *Port-Galant*, où l'on se décida à retourner à l'île Grande, pour y renouveler les provisions et tenter la fortune par de nouveaux voyages. Mais nos navigateurs n'eurent pas plus tôt mis à la voile, que le vent redevint favorable et leur fit faire encore une tentative qui ne réussit pas mieux que les précédentes. Ils retournèrent alors à l'embouchure du détroit : et, le 7 avril, rentrèrent dans la mer du nord. Ils se rendirent au Brésil, dans la baie de *Tous les Saints*, devant la ville de San-Salvador, dont Froger donne la description, et où ils employèrent quatre mois à rétablir leurs malades. M. de Gènes en partit, le 7 du mois d'août, pour visiter Cayenne, où les Français avaient été rétablis, en 1677, par le maréchal d'Estrées. Le 17, nos navigateurs reconnurent le cap Saint-Augustin; le 22, ils passèrent la ligne; le 26, l'eau jaune, bourbeuse et un peu douce, qu'ils rencontrèrent, leur apprit qu'ils étaient à l'embouchure du fleuve des *Amazones*; le 30, ils virent le cap d'Orange, et arrivèrent à six heures du soir à Cayenne. La violence des courants contraignit la chaloupe à faire le tour de l'île pour aller chercher un pilote qui n'arriva que le lendemain, parce que la mer était basse. On se servit de la marée pour parvenir au mouillage de l'île, où l'on jeta l'ancre sous le canon de la ville, et à une portée de pistolet du rivage. L'île de Cayenne, sa capitale, son commerce, ses productions, son gouvernement, les peuplades indiennes qui l'habitent, leur industrie, leurs usages et leur religion, furent les différents objets sur lesquels se portèrent tour à tour les observations de Froger.

L'escadre française passa trois semaines dans cette île à soigner la santé de ses malades. Le 25 mai, M. de Gênes fit lever l'ancre; il passa à la Martinique et à la Guadeloupe, sans autre vue apparente que de protéger le commerce français; il remit à la voile le 10 février 1697, et arriva heureusement le 21 à La Rochelle.

FIN.

TABLE.

FIN DE LA TABLE.

LIMOGES et ISLE,

Imprimeries de Eugène Ardant et Cie

222

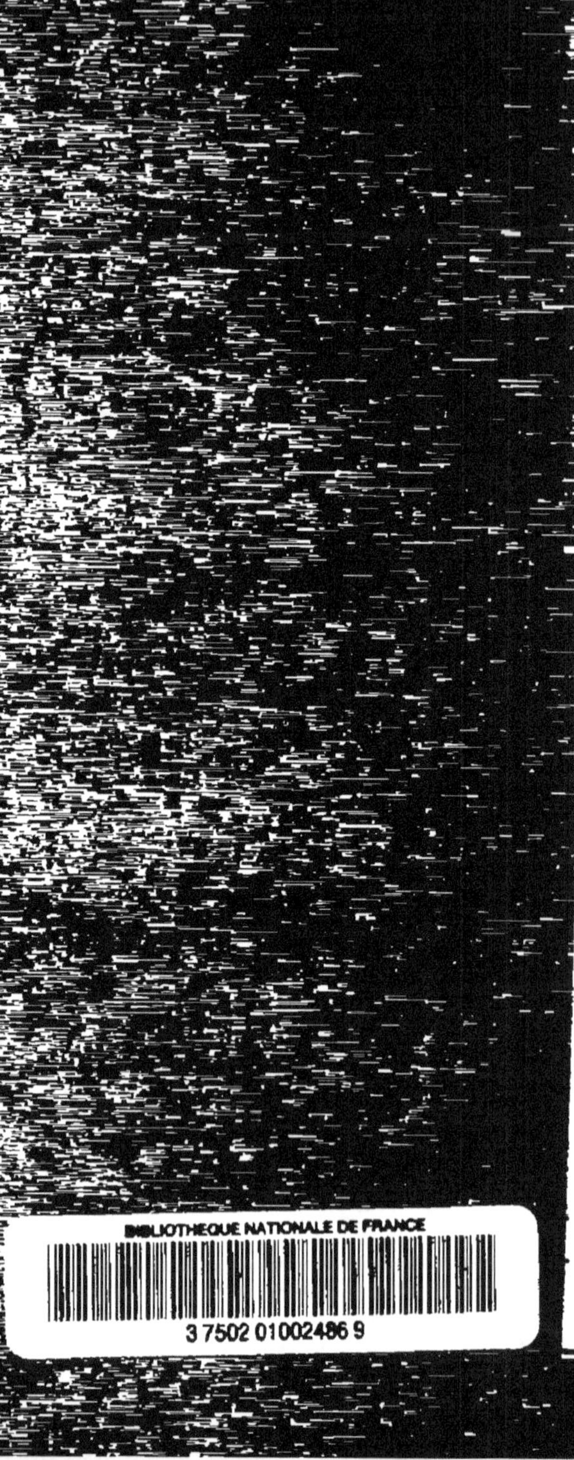